Wer bist du wirklich?
Ein Guide zu den 16 Persönlichkeitstypen
ID16™©

Jarosław Jankowski

Wieso sind wir so verschieden? Wieso nehmen wir auf unterschiedliche Art Informationen auf, entspannen anders, treffen anders Entscheidungen oder organisieren auf verschiedene Weiseunser Leben?

„Wer bist du wirklich?" erlaubt es Ihnen, sich selbst und andere Menschen besser zu verstehen. Der im Buch enthaltene Test ID16 hilft Ihnen dabei, Ihren Persönlichkeitstyp festzustellen.

Ihr Persönlichkeitstyp:

Berater
(ENFJ)

Ihr Persönlichkeitstyp:

Berater
(ENFJ)

Serie ID16$^{TM©}$

JAROSŁAW JANKOWSKI

LOGOS MEDIA

Ihr Persönlichkeitstyp: Berater (ENFJ)

Diese Veröffentlichung hilft Ihnen, Ihr Potenzial besser zu nutzen, gesunde Beziehungen zu anderen Menschen aufzubauen und richtige Entscheidungen auf Ihrem Bildungs- und Berufsweg zu treffen. Sie sollte aber keineswegs als Ersatz für eine fachliche psychologische oder psychiatrische Beratung angesehen werden.

Der Autor sowie der Herausgeber übernehmen keine Haftung für eventuelle Schäden, die aufgrund der Nutzung dieser Publikation entstanden sind.

ID16™© ist eine vom Autor geschaffene Persönlichkeitstypologie, die nicht mit Typologien und Tests anderer Autoren oder Institutionen verglichen werden kann.

Aus Gründen der Lesbarkeit wurde im Text die männliche Form gewählt, nichtsdestoweniger beziehen sich die Angaben auf Angehörige beider Geschlechter.

Originaltitel: Twój typ osobowości: Doradca (ENFJ)

Übersetzung aus dem Polnischen: Wojciech Dzido, Lingua Lab, www.lingualab.pl

Redaktion: Martin Kraft, Lingua Lab, www.lingualab.pl

Technische Redaktion: Zbigniew Szalbot

Herausgeber: LOGOS MEDIA

Druckausgabe: ISBN 978-83-7981-120-5

eBook (EPUB): ISBN 978-83-7981-121-2

eBook (MOBI): ISBN 978-83-7981-122-9

Inhaltsverzeichnis

Einführung

Ihr Persönlichkeitstyp: Berater (ENFJ) stellt ein außergewöhnliches Nachschlagewerk zum *Berater* dar, einem der 16 Persönlichkeitstypen ID16$^{TM©}$.

Dieser Guide ist Teil der Serie ID16$^{TM©}$, die aus 16 Bänden besteht, die den einzelnen Persönlichkeitstypen gewidmet sind. Sie liefern auf eine ausführliche und verständliche Art und Weise Antworten auf folgende Fragen:

- Wie denken und fühlen Menschen, die zum jeweiligen Persönlichkeitstyp gehören? Wie treffen sie Entscheidungen? Wie lösen sie Probleme? Wovor haben sie Angst? Was stört sie?

- Mit welchen Persönlichkeitstypen kommen sie gut klar, mit welchen hingegen nicht? Was für Freunde, Lebenspartner, Eltern sind diese Menschen? Wie werden sie von anderen betrachtet?

- Was für berufliche Voraussetzungen haben sie? In was für einem Umfeld arbeiten sie am effektivsten? Welche Berufe passen am besten zu ihrem Persönlichkeitstyp?

- Was können sie gut und an welchen Fähigkeiten müssen sie noch feilen? Wie können sie ihr Potenzial ausschöpfen und Fallen aus dem Weg gehen?

- Welche bekannten Personen gehören zum jeweiligen Persönlichkeitstyp?

- Welche Gesellschaft verkörpert die meisten Charakterzüge des jeweiligen Typs?

In diesem Buch finden Sie ebenso die wichtigsten Informationen zur Persönlichkeitstypologie ID16$^{TM©}$.

Wir hoffen, dass es Ihnen dabei hilft, sich selbst und andere Menschen besser zu verstehen und kennenzulernen.

DIE HERAUSGEBER

ID16^{TM©}
im Kontext Jungscher
Persönlichkeitstypologien

ID16^{TM©} gehört zur Familie der sog. Jungschen Persönlichkeitstypologien, die auf der Theorie von Carl Gustav Jung (1875-1961) basieren – einem Schweizer Psychiater und Psychologen und einem der wichtigsten Vertreter der sog. Tiefenpsychologie.

Auf Grundlage langjähriger Forschungen und Beobachtungen kam Jung zur Schlussfolgerung, dass die Unterschiede in der Haltung und den Vorlieben von Menschen nicht zufällig sind. Er erschuf daraufhin die heute bekannte Unterscheidung in Extrovertierte und Introvertierte. Ferner unterschied Jung vier Persönlichkeitsfunktionen, die zwei gegensätzliche Paare bilden: Empfindung – Intuition und Denken – Fühlen. Jung betonte, dass in jedem dieser Paare eine der Funktionen dominierend ist. Er kam zur Einsicht, dass die dominierenden Eigenschaften eines jeden Menschen stetig und unabhängig von externen Bedingungen sind, ihre Resultante hingegen der jeweilige Persönlichkeitstypus ist.

Im Jahre 1938 erschufen zwei amerikanische Psychiater, Horace Gray und Joseph Wheelwright, den ersten Persönlichkeitstest, der auf der Theorie von Jung basierte und die Bestimmung dominierender Funktionen in den drei von ihm beschriebenen Dimensionen ermöglichte: **Extraversion-Introversion, Empfindung-Intuition** sowie **Denken-Fühlen.** Dieser Test wurde zur Inspiration für andere Forscher. Im Jahre 1942, ebenfalls in den USA, begannen wiederum Isabel Briggs Myers und Katharine Briggs ihren eigenen Persönlichkeitstest anzuwenden. Sie erweiterten das klassische, dreidimensionale Modell von Gray und Wheelwright um eine vierte Dimension: **Bewertung-Beobachtung.** Die meisten der späteren Typologien und Persönlichkeitstests, die auf der Theorie von Jung basierten, übernahmen daraufhin auch diese vierte Dimension. Zu ihnen gehört auch u. a. die amerikanische Studie aus dem Jahre 1978 von David W. Keirsey sowie der Persönlichkeitstest von Aušra Augustinavičiūtė aus den 1970er Jahren. In den folgenden Jahrzehnten folgten Forscher aus der ganzen Welt, womit sie weitere vierdimensionale Typologien und Tests erschufen, die an lokale Bedingungen und Bedürfnisse angepasst wurden.

Zu dieser Gruppe gehört die unabhängige Persönlichkeitstypologie ID16™©, die in Polen vom

Pädagogen und Manager Jarosław Jankowski erarbeitet wurde. Diese Typologie, die im ersten Jahrzehnt des 21. Jahrhunderts veröffentlicht wurde, basiert ebenfalls auf der klassischen Theorie von Carl Gustav Jung. Ähnlich wie auch andere moderne Jungsche Typologien reiht sie sich in die vierdimensionale Persönlichkeitsanalyse ein. Im Falle von ID16™© werden diese Dimensionen als **vier natürliche Veranlagungen** bezeichnet. Diese Veranlagungen haben einen dichotomischen Charakter, ihre Charakteristik hingegen liefert Informationen über die Persönlichkeit eines Menschen. Die Analyse der ersten Veranlagung hat die Bestimmung einer dominierenden **Lebensenergiequelle** zum Ziel (äußere oder innere Welt). Die zweite Veranlagung wiederum bestimmt die dominierende Art und Weise, wie **Informationen aufgenommen werden** (mithilfe von Sinnen oder Intuition). Die dritte Veranlagung hingegen determiniert die dominante **Entscheidungsfindung** (Verstand oder Herz). Die Analyse der letzten Veranlagung schlussendlich liefert den dominanten **Lebensstil** (organisiert oder spontan). Die Kombination aller natürlichen Veranlagungen ergibt im Endresultat einen von **16 möglichen Persönlichkeitstypen**.

Eine besondere Eigenschaft der Typologie ID16™© ist ihre praktische Dimension. Sie beschreibt die einzelnen Persönlichkeitstypen in der Praxis – auf der Arbeit, im Alltag oder in zwischenmenschlichen Kontakten und Beziehungen. Diese Typologie konzentriert sich nicht auf die innere Dynamik der Persönlichkeit und versucht nicht, eine theoretische Erklärung für innere, unsichtbare

Prozesse zu finden. Viel mehr versucht sie zu erläutern, wie die jeweilige Persönlichkeit nach außen wirkt und welchen Einfluss sie auf ihr Umfeld nimmt. Diese Fokussierung auf den sozialen Aspekt einer jeden Persönlichkeit stellt eine Gemeinsamkeit mit der o. g. Typologie von Aušra Augustinavičiūtė dar.

Jeder der 16 Persönlichkeitstypen ID16™© ist eine Resultante natürlicher Veranlagungen des Menschen. Die Zuschreibung zum jeweiligen Typus birgt aber keine Bewertung. Keiner der Typen ist besser oder schlechter als die anderen. Jeder von ihnen ist schlichtweg anders und verfügt über seine eigenen starken und schwachen Seiten. ID16™© erlaubt es, diese Unterschiede zu identifizieren und sie zu beschreiben. Er hilft einem dabei sich selbst zu verstehen und seinen Platz auf dieser Welt zu finden.

Die Tatsache, dass Menschen ihr eigenes Persönlichkeitsprofil kennen, erlaubt es ihnen, voll und ganz ihr Potenzial zu nutzen und an all jenen Gebieten zu arbeiten, die ihnen Probleme bereiten könnten. Es ist eine unschätzbare Hilfe im Alltag, bei der Suche nach Problemlösungen, beim Aufbau gesunder zwischenmenschlicher Beziehungen sowie bei der Entscheidungsfindung auf dem Bildungs- und Berufsweg.

Die Identifizierung des Persönlichkeitstypus ist kein willkürlicher oder mechanischer Prozess. Jeder Mensch ist als „Inhaber und Nutzer seiner Persönlichkeit" in vollem Maße kompetent zu entscheiden, zu welchem Typus er gehört. Somit haben Menschen eine Schlüsselrolle in diesem Prozess. Solch eine Selbstidentifizierung kann zum einen dadurch erfolgen, dass man sich die Beschreibungen aller 16 Persönlichkeitstypen durchliest und schrittweise die Auswahl einengt. Zum anderen kann man aber auch den schnelleren Weg wählen und den Persönlichkeitstest ID16™© ausfüllen. Auch in diesem Falle spielt der „Nutzer einer Persönlichkeit" die Schlüsselrolle, denn das Ergebnis des Tests hängt einzig und allein von seinen Antworten ab.

Die Identifizierung soll dabei helfen, sich selbst und andere zu verstehen, wenngleich sie keinesfalls als Orakel für die Zukunft angesehen werden sollte. Der Persönlichkeitstyp sollte zudem nie unsere Schwächen oder schlechte Beziehungen zu anderen Menschen rechtfertigen (obwohl er helfen sollte, die Gründe hierfür zu verstehen)!

Im Rahmen von ID16™© wird die Persönlichkeit nie als statisch, genetisch determinierter Zustand verstanden, sondern als Resultante angeborener und erworbener Eigenschaften. Solch eine Perspektive vernachlässigt nicht den freien Willen und kategorisiert nicht. Sie eröffnet viel mehr neue Perspektiven und regt zur Arbeit an sich selbst an, indem sie Bereiche aufzeigt, in denen dies am meisten benötigt wird.

Der Berater (ENFJ)

PERSÖNLICHKEITSTYPOLOGIE ID16™©

Profil

Lebensmotto: *Meine Freunde sind meine Welt.*

Optimistisch, enthusiastisch und scharfsinnig. Höflich und taktvoll. Sie verfügen über ein unglaubliches Empathievermögen, wodurch es sie glücklich stimmt, durch selbstloses Handeln anderen Menschen Gutes zu tun. *Berater* vermögen es, Einfluss auf das Leben anderer zu nehmen – sie inspirieren, entdecken in ihnen verstecktes Potenzial und verleihen ihnen Glauben an das eigene Können. *Berater* strahlen Wärme aus, weswegen sie andere Menschen anziehen. Sie helfen ihnen oftmals, persönliche Probleme zu lösen.

Doch *Berater* neigen dazu, gutgläubig zu sein und die Welt durch eine rosarote Brille zu betrachten. Da sie ständig auf andere Menschen fixiert

sind, vergessen sie oftmals ihre eigenen Bedürfnisse.

Natürliche Veranlagungen des *Beraters*

- Die Quelle seiner Lebensenergie: seine
  äußere Welt.
- Informationsaufnahme: Intuition.
- Art und Weise wie Entscheidungen ge-
  troffen werden: Herz.
- Lebensstil: organisiert.

Ähnliche Persönlichkeitstypen

- *Enthusiast*
- *Mentor*
- *Idealist*

Statistische Angaben

- *Berater* stellen ca. 3-5 % der Gesellschaft
  dar.
- Unter *Beratern* überwiegen Frauen (80 %).
- Das Land, welches dem Profil des *Beraters*
  entspricht, ist Frankreich.[1]

Buchstaben-Code

Der universelle Code des *Beraters* ist in den
Jungschen Persönlichkeitstypologien ENFJ.

---

[1] Dies bedeutet nicht, dass alle Einwohner von Frankreich
zu dieser Gruppe gehören, wenngleich die französische Gesellschaft – als Ganzes – viele charakteristische Eigenschaften des *Beraters* verkörpert.

Allgemeines Charakterbild

Berater sind energisch, scharfsinnig und optimistisch. Sie sind glücklich, wenn sie anderen helfen können und vermögen es hervorragend, die Gefühle und Emotionen anderer Menschen zu deuten. Wenn *Berater* Menschen beobachten, erkennen sie in ihnen Charakterzüge, die unsichtbar für andere sind. Sie zeichnen sich durch außerordentliche Intuition sowie Empathie aus, weswegen sie oftmals anderen Mut machen, sie inspirieren oder zum Handeln motivieren.

Haltung gegenüber anderen Menschen

Berater verfügen über ein gesundes Maß an Selbstwertgefühl, wenngleich sie fähig sind, auf ihre Bedürfnisse zu verzichten und sich nach anderen zu richten (sofern sie auf diese Weise anderen ihre Hilfsbereitschaft zeigen können). Sie sind überaus empfänglich für die Probleme ihrer Familienangehörige und Freunde. Oftmals sind *Berater* so auf andere Menschen fixiert, dass sie keine Zeit für Reflexionen über das eigene Leben haben. Ab und an fällt es ihnen sogar schwer, ihre eigenen Lebensziele und Bedürfnisse zu definieren.

Andere sehen in ihnen hervorragende Lehrer, Mentoren und Vertraute. Sie schätzen an *Beratern* ihre Hilfsbereitschaft und bitten sie in schwierigen Lebenslagen gerne um Rat. *Berater* sind oftmals auch im Beruf Berater (daher auch die Bezeichnung für diesen Persönlichkeitstyp). Unabhängig von ihrem ausgeübten Beruf sind sie zumindest Berater für ihre Bekannten und Verwandten, denn sie helfen ihnen oftmals bei der Lösung persönlicher Probleme. Die Bemerkungen von *Beratern*, die ihnen selbst natürlich und offensichtlich vorkommen, stellen für andere eine beachtliche Inspiration dar und helfen ihnen dabei, eine neue, frische Perspektive bezüglich der jeweiligen Situation einzunehmen.

Die Probleme anderer Menschen nehmen einen großen Teil der Zeit und Energie von *Beratern* in Anspruch. Das Wissen darüber, dass sie jemandem helfen können, erfüllt sie jedoch mit großer Freude. Für gewöhnlich fühlen sie sich für andere Menschen verantwortlich und sind nicht imstande, Schwierigkeiten anderer gleichgültig zu begegnen. Manchmal tendieren sie sogar dazu, nahezu gewaltsam das Leben anderer Menschen reparieren oder ihnen aushelfen zu wollen.

Wahrnehmung und Gedanken

Berater denken voraus und kehren selten zu Misserfolgen aus der Vergangenheit zurück. Sie denken global und weit reichend. Nicht nur die Realisierung ihrer Pläne, aber auch der Prozess der Planung und der Weg zum Ziel bereiten ihnen Freude. Die Zukunft ist für sie aufregender als die Gegenwart. Probleme betrachten sie aus einer weitreichenden Perspektive und erkennen verschiedene Aspekte der Bereiche, mit denen sie sich beschäftigen. *Berater* vermögen es, zeitgleich an unterschiedlichen Fronten zu arbeiten.

Sie träumen von einer besseren Welt und glauben an die Erfüllung dieser Träume. Diese Vision motiviert sie zum Handeln und verleiht ihnen Kraft. Für gewöhnlich mögen sie Veränderungen und neue Herausforderungen. Mit Begeisterung (manchmal unkritisch) nehmen sie innovative Ideen und Gedanken auf. Oftmals sind sie an geistlichen Dingen interessiert, aber auch an sozialen Problemen. Von Natur aus sind *Berater* Vertreter einer egalitären Haltung. Es kommt vor, dass sie ihr Leben einer Idee unterordnen und dieser auf nahezu fanatische Art und Weise nachgehen.

Innerer Kompass

In ihrem Leben richten sich *Berater* nach ihren Werten, weswegen sie Entscheidungen, die ausschließlich auf Grundlage von logischen und rationalen Argumenten getroffen wurden, mit Misstrauen begegnen. Wenn jemand ihr Wertesystem angreift oder auf eine Art und Weise handelt, die sich gegen ihre Ansichten richtet, vermögen sie heftig zu protestieren, womit sie ihr Umfeld überraschen, da sie für gewöhnlich anderen Menschen und Konfrontationen aus dem Weg gehen. In Extremfällen sind *Berater* fähig, für all jenes, was sie als richtig und gerecht empfinden, sogar zu kämpfen. Es ist aber keineswegs ein Kampf um die eigenen Rechte, die sie von Natur aus an zweite Stelle stellen, sondern um ihrer Meinung nach unanfechtbare Regeln und Verhaltensnormen.

In den Augen anderer Menschen

Berater sind normalerweise allgemein beliebt und verfügen über eine außerordentliche Gabe, Menschen anzuziehen. Auch die enthaltsamsten und kühlsten Menschen begegnen ihrem Charme, ihrer Herzlichkeit und ehrlichem Interesse nur selten mit Gleichgültigkeit. *Berater* haben den Ruf von Menschen, auf die immer Verlass ist. Ihre Ratschläge helfen anderen dabei, ihre Probleme in einem neuen Licht zu sehen, die Gespräche mit *Beratern* hingegen motivieren sie zum Handeln und verleihen ihnen Selbstwertgefühl. Dahingegen finden einige Menschen den Optimismus von *Beratern* verdächtig, sie selbst hingegen werden ab und an als zu idealistisch, enthusiastisch und realitätsfremd betrachtet (sogar naiv oder leichtgläubig).

Berater wiederum stören sich an der Skepsis anderer, chronischem Pessimismus, Stagnation und fehlendem Glauben an mögliche Veränderungen. Sie können all jene nicht verstehen, die gleichgültig gegenüber fremdem Leid sind und nicht auf die Gefühle anderer Menschen achten. Ein Leben, welches nur darauf bedacht ist, eigene Bedürfnisse zu stillen, erscheint *Beratern* als leer und wertlos. Sie verstehen auch keine Menschen, die keinen Wert auf Harmonie und eine herzliche Atmosphäre legen und die bewusst Konfrontationen provozieren. *Berater* selbst reagieren sehr empfindlich auf Kritik und versuchen um jeden Preis, Konflikten und unangenehmen Situationen aus dem Weg zu gehen.

Kommunikation

In zwischenmenschlichen Beziehungen weisen *Berater* unglaubliches Taktgefühl auf. Sie sind hervorragende Diplomaten und wissen stets, was in der jeweiligen Situation gesagt werden sollte. *Berater* sind imstande, Einfluss auf andere auszuüben, ihr Verhalten zu formen und sogar – zum Nutzen der

Sache – andere zu manipulieren. Normalerweise sind *Berater* sehr kommunikativ und überzeugend.

Berater bevorzugen direkte und verbale Kommunikation. Sie sind sich im Klaren, dass Worte eine riesige Kraft innehaben und vermögen es, über ihre Sprache Herr zu werden. Manchmal überlegen sie vorher, was sie in der jeweiligen Situation sagen sollten und denken sich sogar den Verlauf eines späteren Gesprächs aus. Für gewöhnlich haben *Berater* keine Angst vor öffentlichen Auftritten und sind fähig, ihre Ansichten verständlich darzulegen. Eine Ausnahme stellen dagegen Situationen dar, in denen sie sich auf die von ihnen befolgten Werte berufen, da sie irrtümlicherweise davon ausgehen, dass diese von anderen allgemein geteilt würden. In solchen Situationen können *Berater* unverständlich wirken.

In Konfliktsituationen

Gesunde zwischenmenschliche Beziehungen sind für *Berater* der Schlüssel zu einem glücklichen Leben und erfolgreicher Arbeit. Wenn sie sich eines nicht gelösten Konflikts bewusst sind, vermögen sie es nicht, normal in der Familie zu funktionieren oder sich auf ihre beruflichen Aufgaben zu konzentrieren. *Berater* mögen auch keine Einsamkeit. Sie brauchen Wärme, Akzeptanz und Herzlichkeit. Sie können aber auch glücklich sein, wenn ihre Bedürfnisse nicht erfüllt sind, da sie aus dem Geben Freude schöpfen.

Ihr besonders niedriger Toleranzpegel für Kritik sowie die Tendenz jeglichen unangenehmen Situationen aus dem Weg zu gehen, bewirken, dass sie im Angesicht eines Konflikts oftmals aufgeben, vom Kampf ablassen oder mit für sie unvorteilhaften Bedingungen zufrieden sind. All dies nur, um der unangenehmen Situation ein Ende zu setzen. Indem sie so agieren, setzen sie sich unwillkürlich neuen, ebenso unkomfortablen Situationen in der Zukunft aus.

Herausforderungen

Berater führen für gewöhnlich ein aktives Leben und haben selten Zeit, um auszuruhen. In ihrer Freizeit engagieren sie sich gerne sozial oder helfen einfach nur ihren Bekannten. Dies bereitet ihnen sehr viel Freude, wenngleich ihr niedriges Durchsetzungsvermögen sowie ihr Unvermögen, „Nein" zu sagen, bewirken, dass sie zu viel auf ihren Schultern tragen und überbelastet sind. Da *Berater* jedes Bedürfnis stillen möchten, lassen sie sich leicht ablenken und sind nicht imstande, sich auf Prioritäten zu konzentrieren.

Berater mögen es, unter Menschen zu sein. Gleichzeitig sind sie sehr empfindlich, weswegen sie leicht verletzt werden können. Ihr niedriger Toleranzpegel für Kritik bewirkt, dass sie sich jede kritische Äußerung zu Herzen nehmen und alle negativen Kommentare emotional verarbeiten. Dabei nutzen sie aber nicht die Hilfe anderer Menschen. Auch längere Einsamkeit können sie nur schwer vertragen. Wenn sie von anderen Menschen abgeschnitten sind, werden sie von dunklen Gedanken und Apathie gefesselt.

Sozialer Aspekt der Persönlichkeit

Berater fühlen sich sehr gut unter anderen Menschen. Soziale Kontakte sind für sie eine der wichtigsten Sachen im Leben. Sie bringen für sie sehr viel Energie auf und sind überaus loyal. In zwischenmenschlichen Beziehungen schätzen sie Akzeptanz. Ehrlichkeit, Tiefe und Herzlichkeit. Schneller als andere erkennen sie Emotionen, Gefühle und Bedürfnisse anderer Menschen. *Berater* sind aber auch sehr sensibel – sie vertragen keine emotionale Kälte, Gleichgültigkeit und Kritik.

In der Regel sind *Berater* sehr offen und gesellig. Sie vermögen es, ihren Emotionen und Gefühlen Ausdruck zu verleihen und teilen anderen gerne ihre Erlebnisse mit. Ihre Haltung gegenüber Menschen ist sehr positiv und enthusiastisch: Sie glauben an sie, wünschen ihnen aufrichtig Glück, identifizieren sich mit ihnen und haben an ihrem Glück sowie ihrer Trauer teil. Oftmals – beinahe physisch – leiden sie mit anderen Menschen mit. Das Glück anderer hingegen bewirkt, dass sie selbst glücklich sind.

Wenn sie unter Menschen sind, schenken *Berater* ihnen ihre volle Aufmerksamkeit und sind nur sehr selten darauf bedacht, diese auf ihre eigene Person zu lenken oder ihre Ansichten zu verbreiten, wenngleich sie es im Bedarfsfall vermögen jene deutlich zum Ausdruck zu bringen.

Unter Freunden

Berater sprießen geradezu vor Energie, Optimismus und Humor. Sie sind allgemein beliebt und ziehen andere Menschen an. Man kann immer auf sie zählen, sie sind natürlich, hören zu und interessieren sich ernsthaft für das Leben und die Probleme anderer Menschen. All dies macht sie zu nahezu idealen Kandidaten als potenzielle Freunde. Ihre Akzeptanz, ihr Verständnis sowie ihr Interesse bewirken, dass Menschen sich bei ihnen besser und wertvoller fühlen.

Berater sind sehr loyale Freunde und zuverlässige Vertrauenspersonen. Sie geben ihren Freunden Kraft und den Glauben an die eigenen Fähigkeiten. Ferner erkennen sie in ihnen ihr verstecktes Potenzial und machen ihnen ihre Möglichkeiten bewusst. Die Unterstützung ihrer Freunde ist für *Berater* etwas völlig Natürliches und macht ihnen große Freude. Ihre positive Einstellung gegenüber anderen Menschen bewirkt wiederum, dass sie gelegentlich nicht fähig sind, etwas abzulehnen und erlauben, sich ausnutzen zu lassen.

In der Regel bauen *Berater* gesunde und freundschaftliche Beziehungen zu allen Menschen auf, unabhängig von deren Persönlichkeitstyp. Am häufigsten freunden sie sich jedoch mit *Enthusiasten, Mentoren, Anwälten* und anderen *Beratern* an. Am seltensten wiederum mit *Praktikern, Animateuren* und *Inspektoren*.

In der Ehe

Die Ehe betrachten *Berater* als Bund für das ganze Leben. Sie bringen eine gewaltige Ladung Herzlichkeit, Zärtlichkeit, Akzeptanz und Sinn für Humor in die Beziehung mit ein. Selbst erwarten sie dasselbe und leiden, wenn ihre Partner ihnen keine Liebe und Verbundenheit bekunden. Nichtsdestotrotz ist dies für gewöhnlich für sie kein größeres

Problem, da sie vor allem glücklich sind, wenn sie selbst geben können (teilweise fließt also das Glück ihrer Familie auf sie zurück). *Berater* sind treu, loyal und unglaublich ergeben.

In ihren Partnern sehen sie all dies, was das Beste ist – sie akzeptieren sie, unterstützen und rechtfertigen sie auch des Öfteren. In ihren Beziehungen ist jedoch oftmals das Gleichgewicht zwischen Geben und Nehmen erschüttert. *Berater* geben von Natur aus mehr als sie nehmen. Sie konzentrieren sich maßgeblich auf das Glück der anderen Person und kämpfen dabei selten um ihre eigenen Rechte und äußern auch selten ihre Bedürfnisse. Dafür kontrollieren sie stetig den Status ihrer Beziehung und die emotionale Form ihrer Partner (bspw. mit Fragen nach dem Wohlbefinden), womit sie für einige anstrengend sein können.

Ein allgemeines Problem von *Beratern* ist ihr niedriger Toleranzpegel für Kritik. Sie lassen sich leicht durch kräftige Anmerkungen und direkte Kommentare seitens weniger empfindlicher Partner verletzen. *Berater* versuchen um jeden Preis, Konflikten und unangenehmen Gesprächen aus dem Weg zu gehen. Für gewöhnlich bevorzugen sie es auch zu leiden, statt andere auf ihr unangebrachtes Verhalten aufmerksam zu machen. Es fällt ihnen auch schwer, sich aus destruktiven Beziehungen zurückzuziehen, weswegen sie oft lange in toxischen Beziehungen ausdauern. Im Angesicht von Eheproblemen sind *Berater* dazu bereit, sich aufzuopfern und hart für die Beziehung zu arbeiten. Wenn ihre Bemühungen nicht erfolgreich sind, tendieren sie dazu, sich die Schuld zuzuweisen. Wenn ihre Beziehung hingegen fehlschlägt, denken *Berater* über die eigenen Fehler nach. Für gewöhnlich vermögen sie es aber, sich schnell wieder davon frei zu machen und sich mit der Trennung abzufinden.

Natürliche Kandidaten als Lebenspartner sind für *Berater* Personen mit verwandten Persönlichkeitstypen: *Enthusiasten*, *Mentoren* oder *Idealisten*. In solchen Beziehungen ist es für sie einfacher, gegenseitiges Verständnis und harmonische Beziehungen aufzubauen. Die Erfahrung zeigt aber, dass *Berater* imstande sind, Beziehungen auch mit Personen einzugehen, deren Typ offensichtlich völlig verschieden ist.

Als Eltern

Berater sind verantwortungsbewusste Eltern. Sie nehmen ihre Pflichten gegenüber ihren Kindern sehr ernst und sind sich der Bedeutung richtiger Beziehungen zu ihnen bewusst. *Berater* versuchen ihren Kindern die Werte zu vermitteln, an die sie selbst glauben, weswegen sie auch versuchen, mit gutem Beispiel voranzugehen. Sie begegnen ihren Kindern mit viel Herzlichkeit, Fürsorge und viel Lob sowie Ermunterung. *Berater* akzeptieren ihre Kinder so, wie sie sind und lassen sie dies auch wissen, wenngleich sie auch fähig sind, Disziplin walten zu lassen. Sie bringen ihren Kindern alle Normen und Regeln bei, die im Leben eine Rolle spielen, da sie möchten, dass ihre Kinder später gutes von schlechtem Benehmen unterscheiden und richtige Entscheidungen treffen können. *Berater* bemühen sich zudem, dass ihren Kindern nichts fehlt, weswegen sie stets an ihrer Seite sind. Sie versetzen sich in ihre Lage, trösten, ermuntern und motivieren sie oder haben konkrete Ideen für sie parat. Kinder von *Beratern* können sicher sein, dass ihre Eltern in schwierigen Lebenssituationen für sie da sind und dass es selten vorkommen wird, dass ihre Eltern ihre Probleme nicht erkennen werden.

Berater vermögen es, Einfluss auf das Verhalten ihrer Kinder auszuüben. Für gewöhnlich nutzen sie dies für einen guten Zweck aus (bspw. indem sie das Selbstwertgefühl ihrer Kinder stärken). Manchmal resultiert diese Fähigkeit aber darin, dass *Berater* ihre Kinder manipulieren. Ferner tendieren sie dazu, ihrem Nachwuchs auszuhelfen, womit sie ihm die Chance nehmen, zu experimentieren und aus Fehlern zu lernen. Ältere Kinder beschweren sich manchmal, dass ihre Eltern sich zu sehr in ihr Leben einmischen. Müde von der übertriebenen Fürsorge und – ihres Erachtens – zu intensiven Kontrolle sind die Kinder von *Beratern* manchmal auf ihre Altersgenossen, die weitaus mehr Freiheiten genießen, neidisch. Rückblickend sind sie jedoch ihren Eltern dankbar, dass sie stets von ihnen Liebe erfahren haben, in ihnen Rückhalt hatten und von ihnen den Unterschied zwischen Gut und Böse gelernt haben.

Arbeit und Karriere

Berater haben keine Probleme mit Veränderungen, lernen gerne neue Dinge und mögen Herausforderungen. Sie vermögen es, sich von ganzem Herzen für ein Ziel, an welches sie glauben, zu engagieren.

Berater haben keine Angst vor innovativen Ideen und Pionierprojekten. Sie mögen zugleich aber Ordnung, Struktur, gute Organisation sowie verständliche und klare Regeln. Es fällt ihnen infolgedessen schwer, sich für ein Projekt zu begeistern, welches schlecht vorbereitet wurde bzw. dessen Ziele unklar definiert wurden. *Berater* bevorzugen einfache Lösungen, weswegen sie versuchen, komplizierte Prozeduren zu vereinfachen und komplexe Systeme zu reduzieren. Menschen mit diesem Persönlichkeitstyp sind gute Organisatoren und mögen es, nach Plan zu arbeiten. Sie nehmen ihre Verpflichtungen sehr ernst. Wenn sie eine Entscheidung treffen sollen, beachten sie nicht nur die objektiven Voraussetzungen oder die wirtschaftliche Berechnung, sondern auch den Einfluss der jeweiligen Entscheidung auf das Leben der Menschen. In der Regel gehen *Berater* davon aus, dass Veränderungen, die Mitarbeiter betreffen, mit diesen ausgemacht oder zumindest besprochen werden sollten.

Im Team

Berater fühlen sich hervorragend bei Aufgaben, die Kontakt zu anderen Menschen erfordern. Sie arbeiten deswegen gerne in Unternehmen und Institutionen, deren Tätigkeit zum Ziel hat, menschliche Probleme zu lösen oder ihre Lebensbedingungen zu verbessern. Sie finden sich sehr gut im Kundenservice zurecht sowie in Beratungsstellen bzw. in der Sozialhilfe. Konsequenterweise eignen sie sich auch überaus gut für Aufgaben, die nach interpersonellen Fähigkeiten verlangen. Wenn sie in einem Team arbeiten, stellen sie eine enorme

Unterstützung für andere Mitarbeiter dar (die weitaus weiter reicht als die dienstlichen Verpflichtungen).

Berater vermögen es, eine herzliche, freundliche Atmosphäre aufzubauen und Kompromisse zu schließen. Sie haben einen positiven Einfluss auf ihre Kollegen – sie motivieren sie, inspirieren und stecken sie mit ihrem Optimismus sowie dem Glauben an den Erfolg an. Dahingegen fühlen sich *Berater* in anonymen Großunternehmen oder Institutionen, in denen Emotionen, Gefühle sowie Bedürfnisse der Mitarbeiter keinen Stellenwert haben und Mitarbeiter nur als „Rädchen im Getriebe" angesehen werden, sehr schlecht. Sehr wichtig für sie sind ehrliche, natürliche und direkte Kontakte zu anderen Kollegen. Sie mögen kein Umfeld, in dem die Kontakte des Personals formalisiert sind und der Informationsaustausch nach strikt festgelegten Prozeduren abläuft. Es fällt ihnen auch schwer, sich in Teams zurechtzufinden, die von kühlen und wortkargen Mitarbeitern dominiert sind. Auch Aufgaben, die nach viel Routine, detaillierten Instruktionen und der Verarbeitung vieler Daten verlangen, empfinden *Berater* eher negativ. Für gewöhnlich lassen sich *Berater* leicht ablenken – wenn jemand sie bei der Arbeit stört und um Rat bittet, sind sie fähig, ihre aktuellen Aufgaben zu vergessen und sich voll und ganz ihrem Gesprächspartner zu widmen.

Vorgesetzte

Berater schätzen Vorgesetzte, die gemäß der Werte handeln, an die sie glauben, ihren Mitarbeitern

Freiheiten bei ihren Pflichten gewähren sowie ihren individuellen Arbeitsstil respektieren. Wenn sie hingegen selbst zu Vorgesetzten werden (was relativ oft passiert), handeln sie genauso. Die Arbeit in einer Führungsposition bedeutet für *Berater* viel Stress, da sie unangenehmen Situationen (die sie von Natur aus meiden) die Stirn bieten und sich vor allem nach wirtschaftlichen Interessen der Firma richten müssen, was nicht immer für ihre Mitarbeiter von Vorteil ist. *Berater* verspüren aus diesem Grund auch großes Unbehagen. Eine potenzielle Problemquelle kann ihre Tendenz zu vorschnellen Entscheidungen sein.

Berufe

Das Wissen über das eigene Persönlichkeitsprofil sowie die natürlichen Präferenzen stellen eine unschätzbare Hilfe bei der Wahl des optimalen Berufsweges dar. Die Erfahrung zeigt, dass *Berater* mit Erfolg in verschiedenen Bereichen arbeiten und aufgehen können. Doch dieser Persönlichkeitstyp prädisponiert sie auf natürliche Art und Weise zu folgenden Berufen:

- Arzt,
- Ausbilder,
- Berater,
- Coach,
- Diplomat,
- Dozent,
- Geistlicher,
- Handelsvertreter,
- Konsultant,

- Lehrer,
- Leiter,
- Manager,
- Mitarbeiter in der Sozialhilfe,
- Musiker,
- Politiker,
- Polizeibeamter,
- Psychiater,
- Psychologe,
- Redakteur,
- Reiseverkehrskaufmann/-frau,
- Reporter,
- Sanitäter,
- Schauspieler,
- Schriftsteller,
- Spezialist für Arbeitnehmerrechte,
- Spezialist für Marketing,
- Spezialist für Öffentlichkeitsarbeit,
- Therapeut.

Potenzielle starke und schwache Seiten

Ähnlich wie auch andere Persönlichkeitstypen haben *Berater* potenzielle starke und schwache Seiten. Dieses Potenzial kann auf verschiedenste Weise ausgeschöpft werden. Glück im Privatleben sowie Erfolg im Beruf hängen bei *Beratern* davon ab, ob sie die Chancen, die mit ihrem Persönlichkeitstyp verknüpft sind, nutzen und ob sie den Gefahren auf ihrem Weg die Stirn bieten können. Im Folgenden eine ZUSAMMENFASSUNG dieser Chancen und Gefahren:

Potenzielle starke Seiten

Berater sind energisch und optimistisch. Darüber hinaus sind sie loyal, treu und pflichtbewusst. Man kann auf sie zählen. *Berater* sind verantwortungsbewusste, geordnete und gut organisierte Menschen, die global und vorausdenken. Probleme betrachten sie aus einer breiten Perspektive und erkennen dabei verschiedene Aspekte der Dinge, mit denen sie sich befassen. *Berater* leben nach ihren Werten. Wenn die Situation es verlangt, vermögen sie es, ungeachtet der Konsequenzen, diese Werte auch zu verteidigen. Sie äußern offen ihre Gefühle und Emotionen. *Berater* sind gute Redner und können ihre Gedanken auf eine verständliche und überzeugende Art und Weise darlegen, wenngleich sie ihre Ansicht anderen Menschen nicht aufdrücken und auch sich selbst nicht in den Vordergrund stellen. Sie konzentrieren sich auf andere Menschen und widmen ihnen gerne viel Zeit. Ferner sind *Berater* bereit, sich an andere anzupassen und ihren Bedürfnissen entgegenzukommen, sofern dies Probleme lösen oder das Leben zum Guten wenden kann.

In zwischenmenschlichen Beziehungen sind *Berater* sehr taktvoll und feinfühlig. Sie sind hervorragende Diplomaten und verfügen über außergewöhnliche interpersonelle Fähigkeiten sowie ein enormes Maß an Empathie. *Berater* erkennen die Gefühle und Stimmungen anderer Menschen. Sie sind ihnen gegenüber sehr offen, wirklich an ihren

Problemen interessiert und hilfsbereit. Sie handeln sehr intuitiv und verfügen über eine ausgeprägte Beobachtungsgabe. *Berater* vermögen es, durch Menschen „hindurch zu sehen" und ihre Gedanken, Vorhaben und Motive abzulesen. Sie erkennen auch sehr schnell Probleme in zwischenmenschlichen Beziehungen, besitzen Überzeugungsgabe und bevorzugen Kompromisse. *Berater* suchen die Einigung und wirken bei Lösungen mit, die für alle Seiten von Vorteil sind. Sie sind scharfsinnig, höflich und humorvoll.

Berater sind auch hervorragende Gesprächspartner – sie haben die seltene Gabe, anderen Menschen zuzuhören und in ihnen das Beste zu fördern. Sie erkennen in ihnen Potenzial sowie Möglichkeiten, die von anderen nicht bemerkt werden. *Berater* inspirieren zum Handeln, motivieren, trösten und bewirken, dass Menschen anfangen, an ihre eigenen Fähigkeiten zu glauben. Sie verfügen darüber hinaus über eine natürliche Gabe andere Menschen anzuziehen – sie sind erwünschte Freunde und Kollegen. Ihr Charme, ihre Wärme, Herzlichkeit sowie natürliche Akzeptanz sowie ehrliches Interesse bewirken, dass andere Menschen sich gerne in ihrer Gesellschaft aufhalten (da sie sich geschätzt und wertvoll fühlen). *Berater* sind ebenfalls natürliche Anführer – Menschen folgen ihnen, sie hingegen stecken sie mit ihren Visionen und dem Glauben an den Erfolg an.

Potenzielle schwache Seiten

Berater zeichnen sich durch extremen Optimismus und Idealismus aus. Für gewöhnlich sehen sie die

Realität durch eine rosarote Brille und tendieren dazu, negative Phänomene, Einschränkungen und Gefahren zu marginalisieren oder sie nicht zu erkennen. Ihre Ideen sind gelegentlich realitätsfern. Sie sind dazu fähig, ihr ganzes Leben einer übergeordneten Idee zu widmen, weswegen ihre Sicht der Dinge sowie ihre Umwelt eingeengt werden. Manchmal sind sie sehr kritisch und misstrauisch gegenüber Ansichten, die fern ab von ihrer Meinung sind. Sie sind ebenfalls dazu veranlagt, anderen auszuhelfen (manchmal auch zu manipulieren). Es kommt vor, dass sie übertrieben fürsorglich und dominant sind.

Berater kommen nur schwer mit Konfliktsituationen klar und haben einen sehr niedrigen Toleranzpegel für Kritik seitens anderer Menschen. Oftmals bevorzugen sie es, ihre Probleme zu verschweigen oder etwaiges Fehlverhalten anderer nicht zu kommentieren, statt ein schwieriges Gespräch zu führen. Um jeden Preis versuchen sie, unangenehmen Situationen aus dem Weg zu gehen, weswegen sie dazu tendieren, vorzeitig Zugeständnisse zu machen und schnell aufzugeben, wodurch sie auf den Kampf um die eigenen Rechte verzichten. *Berater* haben auch oft das Problem mit der Beendigung von destruktiven und toxischen Beziehungen. Sie wissen ihre eigenen Erfolge nicht wertzuschätzen und schmälern ihre eigenen Verdienste. Dafür neigen sie dazu, sich die Schuld für Misserfolge in die Schuhe zu schieben. *Berater* können Probleme damit haben, sich an gesellschaftliche Normen und Konventionen anzupassen.

In der Regel sind *Berater* kaum flexibel und vermögen es nicht, sich in Situationen zurechtzufinden, die nach Improvisation verlangen. Es fällt ihnen auch schwer, Entscheidungen auf Grundlage von rein rationalen und logischen Argumenten, ohne jeglichen sozialen Kontext, zu treffen. Das Bewusstsein dessen, dass die jeweilige Entscheidung einen negativen Einfluss auf das Leben anderer Menschen haben könnte, lähmt sie und bewirkt, dass sie die Situation nicht mit kühlem Kopf einschätzen und entsprechende Maßnahmen einleiten können. Aus demselben Grund haben sie auch manchmal Probleme mit objektiven Beurteilungen. Ihre Sensibilität für die Bewertungen seitens anderer Menschen führt dazu, dass es ihnen schwer fällt, in einem unfreundlichen (noch mehr in einem feindseligen) Umfeld zu leben. Ihre Tendenz zum Perfektionismus kann die Effizienz ihrer Handlungen beeinträchtigen (sie verbessern Dinge, die bereits gut genug sind). Für gewöhnlich wenden *Berater* zu wenig Zeit auf für die Reflexion über ihr eigenes Leben und ihre Prioritäten. Sie konzentrieren sich viel mehr auf die Bedürfnisse anderer Menschen und vergessen dabei ihre eigenen.

Persönliche Entwicklung

Die persönliche Entwicklung von *Beratern* hängt davon ab, in welchem Grad sie ihr natürliches Potenzial nutzen und ob sie die Gefahren, die in Verbindung mit ihrem Typ stehen, zu bewältigen vermögen. Die folgenden praktischen Tipps stellen eine Art Dekalog des *Beraters* dar.

Konzentrieren Sie sich

Sie werden es nicht schaffen, allen Menschen zu helfen und all ihre Probleme zu lösen. Konzentrieren Sie sich auf das, was für Sie am Wichtigsten ist und lassen Sie nicht zu, dass weniger wichtige Angelegenheiten Sie ablenken. Wenn Sie so vorgehen, vermeiden Sie Frust und erreichen mehr.

Haben Sie keine Angst vor Kritik

Haben Sie keine Angst davor, ihre Kritik zu äußern und diese auch seitens anderer Menschen anzunehmen. Kritik kann konstruktiv sein und muss nicht zwangsweise einen Angriff auf Menschen oder eine Anzweiflung ihres Wertes bedeuten.

Denken Sie an sich selbst

Denken Sie an ihre eigenen Bedürfnisse und finden Sie die nötige Zeit, um über Ihr Leben nachzudenken. Lassen Sie nicht zu, dass andere Sie ausnutzen und lernen Sie, „Nein" zu sagen. Wenn Sie wirksam anderen Menschen helfen wollen, müssen Sie auch um sich selbst Sorge tragen.

Verbessern Sie nicht alles – handeln Sie

Statt zu überlegen, wie etwas, was Sie planen, verbessert werden könnte, machen Sie es einfach. Ansonsten werden Sie Ihr ganzes Leben damit verbringen, Ihre Pläne zu perfektionieren. Machen Sie lieber etwas, was gut ist (nicht unbedingt perfekt), statt nichts zu machen.

Haben Sie keine Angst vor Konflikten

Auch unter engsten Vertrauten kommt es manchmal zu Kontroversen. Konflikte bedeuten aber nicht zwangsläufig etwas Destruktives. Oftmals helfen sie dabei, Probleme zu erkennen und sie zu lösen! In Konfliktsituationen sollten Sie nicht den Kopf in den Sand stecken, sondern offen Ihren Standpunkt vertreten sowie Ihre Gefühle bzgl. der jeweiligen Situation in Worte fassen.

Seien Sie praktischer

Sie haben eine natürliche Tendenz zu idealistischen Ideen, die fern ab des reellen Lebens sind. Denken Sie über ihre praktischen Aspekte nach – darüber, wie sie in der realen, unvollkommenen Welt realisiert werden könnten.

Sehen Sie ein, dass Sie irren können

Niemand ist unfehlbar. Andere Menschen können teilweise oder komplett Recht haben. Sie hingegen können teilweise oder komplett im Irrtum sein. Akzeptieren Sie dies und lernen Sie, Fehler einzugestehen.

Fragen Sie

Gehen Sie nicht davon aus, dass das Schweigen anderer Menschen deren Gleichgültigkeit oder Feindseligkeit bedeutet. Wenn Sie es wirklich wissen möchten, was andere denken, fragen Sie einfach.

Helfen Sie anderen nicht aus

Helfen Sie Menschen dabei, ihr Potenzial zu entdecken und motivieren Sie sie zum Handeln. Dabei dürfen Sie aber nicht dasjenige machen, was andere selbstständig machen sollten. Sie sind nicht imstande, für sie zu leben, weswegen Sie ihnen erlauben sollten, ihre Angelegenheiten selbst zu erledigen und aus ihren Fehlern zu lernen.

Ruhen Sie sich aus

Versuchen Sie manchmal, Ihre Pflichten loszulassen und etwas Angenehmes zu unternehmen. Entspannen Sie, haben Sie ein bisschen Spaß. Dies hilft Ihnen, einen besseren Standpunkt einzunehmen und mit einem klaren Kopf zu Ihren Pflichten zurückzukehren.

Bekannte Personen

Eine Liste bekannter Personen, die dem Profil des *Beraters* entsprechen:

- **Abraham Lincoln** (1809-1865) – 16. Präsident der Vereinigten Staaten;
- **Abraham Maslow** (1908-1970) – US-amerikanischer Psychologe, Autor der Maslowschen Bedürfnispyramide, einer der herausragendsten Vertreter der Humanistischen und Transpersonalen Psychologie;
- **Ronald Reagan** (1911-2004) – 40. Präsident der Vereinigten Staaten;

- **François Mitterand** (1916-1996) – Präsident Frankreichs (in den Jahren 1981-1995);
- **Johannes Paul II.**, eigtl. Karol Wojtyła (1920-2005) – polnischer römisch-katholischer Geistlicher, Erzbischof von Krakau, Kardinal, Papst (1978-2005);
- **Sean Connery** (1930-2020) – schottischer Filmschauspieler (u. a. *Der Name der Rose*), Träger vieler prestigeträchtiger Auszeichnungen;
- **Michail Gorbatschow** (1931-2022) – russischer Politiker und Reformator, letzter Anführer der Kommunistischen Partei der Sowjetunion und einziger Präsident der UdSSR;
- **Tommy Lee Jones** (geb. 1946) – US-amerikanischer Filmschauspieler (u. a. *Men in Black*);
- **Samuel Leroy Jackson** (geb. 1948) – US-amerikanischer Schauspieler (u. a. *Pulp Fiction*) sowie Filmproduzent;
- **Kirstie Alley** (1951-2022) – US-amerikanische Filmschauspielerin (u. a. *Kuck mal, wer da spricht!*);
- **Patrick Swayze** (1952-2009) – US-amerikanischer Filmschauspieler (u. a. *Dirty Dancing*), Tänzer, Sänger und Choreograf;
- **Tony Blair**, eigtl. Anthony Charles Lynton Blair (geb. 1953) – ehemaliger Vorsitzender der Labour-Partei und Premierminister des Vereinigten Königreichs;

- **Barack Obama** (geb. 1961) – 44. Präsident der Vereinigten Staaten;
- **Johnny Depp**, eigtl. John Christopher Depp II (geb. 1963) – US-amerikanischer Filmschauspieler (u. a. *Der Fluch der Karibik*);
- **Ben Stiller** (geb. 1965) – US-amerikanischer Filmschauspieler (u. a. *Meine Frau, ihre Schwiegereltern und ich*), Regisseur und Produzent.

Die 16 Persönlichkeits-
typen im Überblick

Der Animateur (ESTP)

Lebensmotto: *Lasst uns etwas unternehmen!*

Energisch, aktiv und unternehmerisch. Sie mögen die Gesellschaft anderer Menschen und sind imstande, den Augenblick zu genießen. Spontan, flexibel und offen für Veränderungen.

Enthusiastische Anreger und Initiatoren, die andere zum Handeln motivieren. Logisch, rational und überaus pragmatisch. *Animateure* sind Realisten, die abstrakte Ideen und die Zukunft betreffende Erwägungen ermüdend finden. Sie konzentrieren sich viel mehr auf konkrete Lösungen von aktuellen Problemen. Sie haben manchmal Schwierigkeiten bei der Organisation und Planung, denn sie neigen zu impulsiven Handlungen, weswegen es passieren kann, dass sie erst handeln und dann nachdenken.

Natürliche Veranlagungen des *Animateurs*

- Die Quelle seiner Lebensenergie: seine äußere Welt.
- Informationsaufnahme: Sinne.
- Art und Weise wie Entscheidungen getroffen werden: Verstand.
- Lebensstil: spontan.

Ähnliche Persönlichkeitstypen

- *Verwalter*
- *Praktiker*
- *Inspektor*

Statistische Angaben

- *Animateure* stellen ca. 6-10 % der Gesellschaft dar.
- Unter *Animateuren* überwiegen Männer (60 %).
- Das Land, welches dem Profil des *Animateurs* entspricht, ist Australien.[2]

---

[2] Dies bedeutet nicht, dass alle Einwohner von Australien zu dieser Gruppe gehören, wenngleich die australische Gesellschaft – als Ganzes – viele charakteristische Eigenschaften des *Animateurs* verkörpert.

Buchstaben-Code

Der universelle Code des *Animateurs* ist in den Jungschen Persönlichkeitstypologien ESTP.

Mehr:

Jarosław Jankowski
Ihr Persönlichkeitstyp: Animateur (ESTP)

Der Anwalt (ESFJ)

Lebensmotto: *Wie kann ich dir helfen?*

Enthusiastisch, energisch und gut organisiert. Praktisch, verantwortungsbewusst und gewissenhaft. Darüber hinaus herzlich und überaus gesellig. *Anwälte* erkennen menschliche Stimmungen, Emotionen und Bedürfnisse. Sie schätzen Harmonie und vertragen schlecht Kritik oder Konflikte. Sie sind sehr sensibel in Bezug auf Ungerechtigkeiten sowie das Leid anderer Menschen. Sie interessieren sich aufrichtig für die Probleme anderer und sind glücklich, wenn sie ihnen helfen können. Indem sie sich um die Bedürfnisse anderer kümmern, vernachlässigen sie oftmals ihre eigenen. *Anwälte* neigen dazu, anderen auszuhelfen. Sie sind anfällig für Manipulationen.

Natürliche Veranlagungen des *Anwalts*

- Die Quelle seiner Lebensenergie: seine äußere Welt.
- Informationsaufnahme: Sinne.

- Art und Weise wie Entscheidungen getroffen werden: Herz.
- Lebensstil: organisiert.

Ähnliche Persönlichkeitstypen

- *Moderator*
- *Betreuer*
- *Künstler*

Statistische Angaben

- *Anwälte* stellen ca. 10-13 % der Gesellschaft dar.
- Unter *Anwälten* überwiegen Frauen (70 %).
- Das Land, welches dem Profil des *Anwalts* entspricht, ist Kanada.

Buchstaben-Code

Der universelle Code des *Anwalts* ist in den Jungschen Persönlichkeitstypologien ESFJ.

Mehr:

Jarosław Jankowski
Ihr Persönlichkeitstyp: Anwalt (ESFJ)

Der Berater (ENFJ)

Lebensmotto: *Meine Freunde sind meine Welt.*

Optimistisch, enthusiastisch und scharfsinnig. Höflich und taktvoll. Sie verfügen über ein unglaubliches Empathievermögen, wodurch es sie glücklich stimmt, durch selbstloses Handeln anderen Menschen Gutes zu tun. *Berater* vermögen es, Einfluss auf das Leben anderer zu nehmen – sie inspirieren, entdecken in ihnen verstecktes Potenzial und verleihen ihnen Glauben an das eigene Können. *Berater* strahlen Wärme aus, weswegen sie andere Menschen anziehen. Sie helfen ihnen oftmals, persönliche Probleme zu lösen.

Doch *Berater* neigen dazu, gutgläubig zu sein und die Welt durch eine rosarote Brille zu betrachten. Da sie ständig auf andere Menschen fixiert sind, vergessen sie oftmals ihre eigenen Bedürfnisse.

Natürliche Veranlagungen des *Beraters*

- Die Quelle seiner Lebensenergie: seine äußere Welt.
- Informationsaufnahme: Intuition.
- Art und Weise wie Entscheidungen getroffen werden: Herz.
- Lebensstil: organisiert.

Ähnliche Persönlichkeitstypen

- *Enthusiast*
- *Mentor*
- *Idealist*

Statistische Angaben

- *Berater* stellen ca. 3-5 % der Gesellschaft dar.
- Unter *Beratern* überwiegen Frauen (80 %).

- Das Land, welches dem Profil des *Beraters* entspricht, ist Frankreich.

Buchstaben-Code

Der universelle Code des *Beraters* ist in den Jungschen Persönlichkeitstypologien ENFJ.

Mehr:

Jarosław Jankowski
Ihr Persönlichkeitstyp: Berater (ENFJ)

Der Betreuer (ISFJ)

Lebensmotto: *Mir liegt viel an deinem Glück.*

Herzlich, bescheiden, vertrauenswürdig und überaus loyal. An erster Stelle stehen für *Betreuer* andere Menschen. Sie erkennen ihre Bedürfnisse und möchten ihnen helfen. Sie sind praktisch, gut organisiert und verantwortungsbewusst. Ferner zeichnen sie sich durch Geduld, Fleiß und Ausdauer aus. Sie führen ihre Pläne zu Ende.

Betreuer bemerken und prägen sich Details ein. Sie schätzen Ruhe, Stabilität und freundschaftliche Beziehungen zu anderen Menschen. Darüber hinaus vermögen sie es, Brücken zwischen Menschen zu bauen. Sie vertragen nur schlecht Kritik und Konflikte. *Betreuer* verfügen über ein starkes Pflichtbewusstsein und sind stets bereit anderen zu helfen. Manchmal werden sie von anderen ausgenutzt.

Natürliche Veranlagungen des *Betreuers*

- Die Quelle seiner Lebensenergie: sein Inneres.
- Informationsaufnahme: Sinne.
- Art und Weise wie Entscheidungen getroffen werden: Herz.
- Lebensstil: organisiert.

Ähnliche Persönlichkeitstypen

- *Künstler*
- *Anwalt*
- *Moderator*

Statistische Angaben

- *Betreuer* stellen ca. 8-12 % der Gesellschaft dar.
- Unter *Betreuern* überwiegen Frauen (70 %).
- Das Land, welches dem Profil des *Betreuers* entspricht, ist Schweden.

Buchstaben-Code

Der universelle Code des *Betreuers* ist in den Jungschen Persönlichkeitstypologien ISFJ.

Mehr:

Jarosław Jankowski
Ihr Persönlichkeitstyp: Betreuer (ISFJ)

Der Direktor (ENTJ)

Lebensmotto: *Ich sage euch, was zu tun ist!*

Unabhängig, aktiv und entschieden. Rational, logisch und kreativ. *Direktoren* betrachten analysierte Probleme in einem breiteren Kontext und sind imstande, die Konsequenzen von menschlichem Verhalten vorherzusehen. Sie zeichnen sich durch Optimismus und eine gesunde Selbstsicherheit aus. Sie können theoretische Konzepte in konkrete, praktische Pläne umwandeln.

Visionäre, Mentoren und Organisatoren. *Direktoren* verfügen über natürliche Führungsqualitäten. Ihre starke Persönlichkeit, ihr kritisches Urteilsvermögen sowie ihre Direktheit verunsichern andere Menschen häufig und führen zu Problemen bei zwischenmenschlichen Beziehungen.

Natürliche Veranlagungen des *Direktors*

- Die Quelle seiner Lebensenergie: seine äußere Welt.
- Informationsaufnahme: Intuition.
- Art und Weise wie Entscheidungen getroffen werden: Verstand.
- Lebensstil: organisiert.

Ähnliche Persönlichkeitstypen

- *Reformer*
- *Stratege*
- *Logiker*

Statistische Angaben

- *Direktoren* stellen ca. 2-5 % der Gesellschaft dar.
- Unter *Direktoren* überwiegen Männer (70 %).
- Das Land, welches dem Profil des *Direktors* entspricht, sind die Niederlande.

Buchstaben-Code

Der universelle Code des *Direktors* ist in den Jungschen Persönlichkeitstypologien ENTJ.

Mehr:

Jarosław Jankowski
Ihr Persönlichkeitstyp: Direktor (ENTJ)

Der Enthusiast (ENFP)

Lebensmotto: *Wir schaffen das!*

Energisch, enthusiastisch und optimistisch. Sie sind lebensfreudig und sind mit den Gedanken in der Zukunft. Dynamisch, scharfsinnig und kreativ. *Enthusiasten* mögen Menschen und schätzen ehrliche und authentische Beziehungen. Sie sind herzlich und emotional. *Enthusiasten* können aber schlecht mit Kritik umgehen. Sie verfügen über Empathie und erkennen die Bedürfnisse, Emotionen und Motive anderer Menschen. Sie inspirieren und stecken andere mit ihrem Enthusiasmus an.

Enthusiasten mögen es, im Zentrum der Aufmerksamkeit zu sein. Sie sind flexibel und vermögen es, zu improvisieren. Sie neigen zu idealistischen Ideen. *Enthusiasten* lassen sich einfach ablenken und haben Probleme damit, viele Angelegenheiten zu Ende zu bringen.

Natürliche Veranlagungen des *Enthusiasten*

- Die Quelle seiner Lebensenergie: seine äußere Welt.
- Informationsaufnahme: Intuition.
- Art und Weise wie Entscheidungen getroffen werden: Herz.
- Lebensstil: spontan.

Ähnliche Persönlichkeitstypen

- *Berater*
- *Idealist*
- *Mentor*

Statistische Angaben

- *Enthusiasten* stellen ca. 5-8 % der Gesellschaft dar.
- Unter *Enthusiasten* überwiegen Frauen (60 %).
- Das Land, welches dem Profil des *Enthusiasten* entspricht, ist Italien.

Buchstaben-Code

Der universelle Code des *Enthusiasten* ist in den Jungschen Persönlichkeitstypologien ENFP.

Mehr:

Jarosław Jankowski
Ihr Persönlichkeitstyp: Enthusiast (ENFP)

Der Idealist (INFP)

Lebensmotto: *Man kann anders leben.*

Sensibel, loyal und kreativ. Sie möchten im Einklang mit ihren Werten leben. *Idealisten* interessieren sich für die spirituelle Wirklichkeit und gehen den Geheimnissen des Lebens nach. Sie nehmen sich die Probleme der Welt zu Herzen und stehen Bedürfnissen anderer Menschen offen gegenüber. *Idealisten* schätzen Harmonie und Ausgeglichenheit.

Sie sind romantisch und dazu fähig, ihre Liebe zu anderen zu äußern, wobei sie selbst auch Wärme und Zärtlichkeit brauchen. Sie vermögen es, Motive und Gefühle anderer Menschen hervorragend zu erkennen. *Idealisten* bauen gesunde, tiefgründige und dauerhafte Beziehungen auf. In Konfliktsituationen verlieren sie den Boden unter den Füßen. Sie können Kritik und Stress nicht vertragen.

Natürliche Veranlagungen des *Idealisten*

- Die Quelle seiner Lebensenergie: seine innere Welt.
- Informationsaufnahme: Intuition.
- Art und Weise wie Entscheidungen getroffen werden: Herz.
- Lebensstil: spontan.

Ähnliche Persönlichkeitstypen

- *Mentor*
- *Enthusiast*
- *Berater*

Statistische Angaben

- *Idealisten* stellen ca. 1-4 % der Gesellschaft dar.
- Unter *Idealisten* überwiegen Frauen (60 %).
- Das Land, welches dem Profil des *Idealisten* entspricht, ist Thailand.

Buchstaben-Code

Der universelle Code des *Idealisten* ist in den Jungschen Persönlichkeitstypologien INFP.

Mehr:

Jarosław Jankowski
Ihr Persönlichkeitstyp: Idealist (INFP)

Der Inspektor (ISTJ)

Lebensmotto: *Die Pflicht geht vor.*

Menschen, auf die man sich immer verlassen kann. Wohlerzogen, pünktlich, zuverlässig, gewissenhaft, verantwortungsbewusst – die Zuverlässigkeit in Person. Analytisch, methodisch, systematisch und logisch. *Inspektoren* werden als beherrschte, kühle und ernsthafte Menschen angesehen. Sie schätzen Ruhe, Stabilität und Ordnung. *Inspektoren* mögen keine Veränderungen, dafür aber klare und konkrete Regeln.

Sie sind arbeitsam und ausdauernd, weswegen sie Angelegenheiten zu Ende bringen können. Es sind Perfektionisten, die über alles die Kontrolle haben möchten. Sie äußern sparsam Lob und sind nicht imstande, der Wichtigkeit der Gefühle und Emotionen anderer Menschen die gebürtige Beachtung zu schenken.

Natürliche Veranlagungen des *Inspektors*

- Die Quelle seiner Lebensenergie: seine innere Welt.
- Informationsaufnahme: Sinne.
- Art und Weise wie Entscheidungen getroffen werden: Verstand.
- Lebensstil: organisiert.

Ähnliche Persönlichkeitstypen

- *Praktiker*
- *Verwalter*
- *Animateur*

Statistische Angaben

- *Inspektoren* stellen ca. 6-10 % der Gesellschaft dar.
- Unter *Inspektoren* überwiegen Männer (60 %).
- Das Land, welches dem Profil des *Inspektors* entspricht, ist die Schweiz.

Buchstaben-Code

Der universelle Code des *Inspektors* ist in den Jungschen Persönlichkeitstypologien ISTJ.

Mehr:

Jarosław Jankowski
Ihr Persönlichkeitstyp: Inspektor (ISTJ)

Der Künstler (ISFP)

Lebensmotto: *Lasst uns etwas erschaffen!*

Sensibel, kreativ und originell. Sie haben ein Gefühl für Ästhetik und angeborene künstlerische Fähigkeiten. Unabhängig – *Künstler* agieren nach ihrem eigenen Wertesystem und ordnen sich keinerlei Druck von außen unter. Sie sind optimistisch und verfügen über eine positive Lebenseinstellung, weswegen sie jeden Augenblick genießen können.

Sie sind glücklich, wenn sie anderen helfen können. Abstrakte Theorien langweilen sie, denn *Künstler* ziehen es vor, die Realität zu erschaffen und nicht über sie zu sprechen. Es fällt ihnen jedoch weitaus leichter, neue Pläne zu realisieren, als bereits begonnene abzuschließen. Sie haben Schwierigkeiten, ihre eigenen Bedürfnisse und Wünsche zu äußern.

Natürliche Veranlagungen des *Künstlers*

- Die Quelle seiner Lebensenergie: seine innere Welt.
- Informationsaufnahme: Sinne.
- Art und Weise wie Entscheidungen getroffen werden: Herz.
- Lebensstil: spontan.

Ähnliche Persönlichkeitstypen

- *Betreuer*
- *Moderator*
- *Anwalt*

Statistische Angaben

- *Künstler* stellen ca. 6-9 % der Gesellschaft dar.
- Unter *Künstlern* überwiegen Frauen (60 %).
- Das Land, welches dem Profil des *Künstlers* entspricht, ist China.

Buchstaben-Code

Der universelle Code des *Künstlers* ist in den Jungschen Persönlichkeitstypologien ISFP.

Mehr:

Jarosław Jankowski
Ihr Persönlichkeitstyp: Künstler (ISFP)

Der Logiker (INTP)

Lebensmotto: *Man muss vor allem die Wahrheit über die Welt kennenlernen.*

Originell, einfallsreich und kreativ. *Logiker* mögen es, theoretische Probleme zu lösen. Sie sind analytisch, scharfsinnig und begegnen neuen Ideen mit Begeisterung. *Logiker* vermögen es, einzelne Phänomene zu verbinden und mithilfe von ihnen allgemeine Regeln und Theorien aufzustellen. Sie agieren logisch, präzise und tiefgründig. Unklare

Zusammenhänge und Inkonsequenzen werden von ihnen schnell erkannt.

Sie sind unabhängig und skeptisch gegenüber bereits vorliegenden Lösungen sowie Autoritäten. Zugleich sind sie tolerant und offen für neue Herausforderungen. Versunken in Gedanken verlieren sie ab und an den Kontakt zur Außenwelt.

Natürliche Veranlagungen des *Logikers*

- Die Quelle seiner Lebensenergie: seine innere Welt.
- Informationsaufnahme: Intuition.
- Art und Weise wie Entscheidungen getroffen werden: Verstand.
- Lebensstil: spontan.

Ähnliche Persönlichkeitstypen

- *Stratege*
- *Reformer*
- *Direktor*

Statistische Angaben

- *Logiker* stellen ca. 2-3 % der Gesellschaft dar.
- Unter *Logikern* überwiegen Männer (80 %).
- Das Land, welches dem Profil des *Logikers* entspricht, ist Indien.

Buchstaben-Code

Der universelle Code des *Logikers* ist in den Jungschen Persönlichkeitstypologien INTP.

Mehr:

Jarosław Jankowski
Ihr Persönlichkeitstyp: Logiker (INTP)

Der Mentor (INFJ)

Lebensmotto: *Die Welt könnte besser sein!*

Kreativ, sensibel, auf die Zukunft fixiert. *Mentoren* sehen Möglichkeiten, die andere Menschen nicht erkennen. Es sind Idealisten und Visionäre, die sich darauf konzentrieren, Menschen zu helfen. Pflichtbewusst und verantwortungsbewusst, zugleich auch höflich, fürsorglich und freundschaftlich. Sie versuchen, die Mechanismen der Weltordnung zu verstehen und betrachten Probleme aus einer breiten Perspektive.

Hervorragende Zuhörer und Beobachter. Sie zeichnen sich aus durch Empathie, Intuition und Vertrauen in Menschen. *Mentoren* sind imstande, Gefühle und Emotionen zu lesen, können wiederum aber nur schlecht Kritik annehmen und sich in Konfliktsituationen zurechtfinden. Andere können sie gelegentlich als enigmatisch empfinden.

Natürliche Veranlagungen des *Mentors*

- Die Quelle seiner Lebensenergie: seine innere Welt.
- Informationsaufnahme: Intuition.
- Art und Weise wie Entscheidungen getroffen werden: Herz.
- Lebensstil: organisiert.

Ähnliche Persönlichkeitstypen

- *Idealist*
- *Berater*
- *Enthusiast*

Statistische Angaben

- *Mentoren* stellen ca. 1 % der Gesellschaft dar und sind damit der seltenste Persönlichkeitstyp.
- Unter *Mentoren* überwiegen Frauen (80 %).
- Das Land, welches dem Profil des *Logikers* entspricht, ist Norwegen.

Buchstaben-Code

Der universelle Code des *Mentors* ist in den Jungschen Persönlichkeitstypologien INFJ.

Mehr:

Jarosław Jankowski
Ihr Persönlichkeitstyp: Mentor (INFJ)

Der Moderator (ESFP)

Lebensmotto: *Heute ist der richtige Zeitpunkt!*

Optimistisch, energisch und offen gegenüber Menschen. *Moderatoren* sind lebenslustig und haben gerne Spaß. Sie sind praktisch, zugleich aber auch flexibel und spontan. Sie mögen Veränderungen und neue Erfahrungen. Einsamkeit, Stagnation und Routine hingegen vertragen sie eher schlecht. *Moderatoren* mögen es, im Zentrum der Aufmerksamkeit zu stehen.

Sie verfügen über ein natürliches Schauspieltalent und über die Gabe, interessant und packend zu berichten. Indem sie sich auf das Hier und Jetzt konzentrieren verlieren sie manchmal langfristige Ziele aus den Augen. Sie neigen dazu, Konsequenzen ihres Handelns nicht richtig einschätzen zu können.

Natürliche Veranlagungen des *Moderators*

- Die Quelle seiner Lebensenergie: seine äußere Welt.
- Informationsaufnahme: Sinne.
- Art und Weise wie Entscheidungen getroffen werden: Herz.
- Lebensstil: spontan.

Ähnliche Persönlichkeitstypen

- *Anwalt*
- *Künstler*
- *Betreuer*

Statistische Angaben

- *Moderatoren* stellen ca. 8-13 % der Gesellschaft dar.
- Unter *Moderatoren* überwiegen Frauen (60 %).
- Das Land, welches dem Profil des *Moderators* entspricht, ist Brasilien.

Buchstaben-Code

Der universelle Code des *Moderators* ist in den Jungschen Persönlichkeitstypologien ESFP.

Mehr:

Jarosław Jankowski
Ihr Persönlichkeitstyp: Moderator (ESFP)

Der Praktiker (ISTP)

Lebensmotto: *Taten sind wichtiger als Worte.*

Optimistisch, spontan und mit einer positiven Lebenseinstellung. Beherrschte und unabhängige Menschen, die ihren eigenen Überzeugungen treu sind und äußeren Normen und Regeln skeptisch gegenüberstehen. *Praktiker* sind nicht an Theorien oder Überlegungen bzgl. der Zukunft interessiert. Sie ziehen es vor, konkrete und handfeste Probleme zu lösen.

Sie passen sich gut an neue Orte und Situationen an und mögen Herausforderungen und das Risiko. Ferner vermögen sie es, bei Gefahr einen kühlen Kopf zu behalten. Ihre Wortkargheit und extreme Zurückhaltung bei der Äußerung von Meinungen bewirken, dass sie für andere Menschen manchmal unverständlich erscheinen.

Natürliche Veranlagungen des *Praktikers*

- Die Quelle seiner Lebensenergie: seine innere Welt.
- Informationsaufnahme: Sinne.

- Art und Weise wie Entscheidungen getroffen werden: Verstand.
- Lebensstil: spontan.

Ähnliche Persönlichkeitstypen

- *Inspektor*
- *Animateur*
- *Verwalter*

Statistische Angaben

- *Praktiker* stellen ca. 6-9 % der Gesellschaft dar.
- Unter *Praktiker* überwiegen Männer (60 %).
- Das Land, welches dem Profil des *Praktikers* entspricht, ist Singapur.

Buchstaben-Code

Der universelle Code des *Praktikers* ist in den Jungschen Persönlichkeitstypologien ISTP.

Mehr:

Jarosław Jankowski
Ihr Persönlichkeitstyp: Praktiker (ISTP)

Der Reformer (ENTP)

Lebensmotto: *Und wenn man versuchen würde, es anders zu machen?*

Ideenreich, originell und unabhängig. *Reformer* sind Optimisten. Sie sind energisch und unternehmerisch. Wahrhaftige Tatmenschen, die gerne im

Zentrum des Geschehens sind und „unlösbare Probleme" lösen. Sie sind an der Welt interessiert, risikofreudig und ungeduldig. Visionäre, die offen für neue Ideen sind. Sie mögen neue Erfahrungen und Experimente. Ferner erkennen sie die Verbindungen zwischen einzelnen Ereignissen und sind mit ihren Gedanken in der Zukunft.

Spontan, kommunikativ und selbstsicher. *Reformer* neigen dazu, ihre eigenen Fähigkeiten zu überschätzen. Darüber hinaus haben sie Probleme damit, etwas zu Ende zu bringen.

Natürliche Veranlagungen des *Reformers*

- Die Quelle seiner Lebensenergie: seine äußere Welt.
- Informationsaufnahme: Intuition.
- Art und Weise wie Entscheidungen getroffen werden: Verstand.
- Lebensstil: spontan.

Ähnliche Persönlichkeitstypen

- *Direktor*
- *Logiker*
- *Stratege*

Statistische Angaben

- *Reformer* stellen ca. 3-5 % der Gesellschaft dar.
- Unter *Reformern* überwiegen Männer (70 %).
- Das Land, welches dem Profil des *Reformers* entspricht, ist Israel.

Buchstaben-Code

Der universelle Code des *Reformers* ist in den Jungschen Persönlichkeitstypologien ENTP.

Mehr:

Jarosław Jankowski
Ihr Persönlichkeitstyp: Reformer (ENTP)

Der Stratege (INTJ)

Lebensmotto: *Das lässt sich perfektionieren!*

Unabhängige, herausragende Individualisten, die über unglaublich viel Energie verfügen. Sie sind kreativ und einfallsreich. Von anderen werden sie als kompetente und selbstsichere Menschen angesehen, wenngleich sie distanziert und enigmatisch wirken. *Strategen* betrachten alle Angelegenheiten aus einer breiten Perspektive. Sie möchten ihre Umwelt perfektionieren und ordnen.

Strategen sind gut organisiert, verantwortungsbewusst, kritisch und anspruchsvoll. Es ist schwer, sie aus dem Gleichgewicht zu bringen. Zugleich ist es aber auch nicht einfach, sie völlig zufrieden zu stellen. Ihre Natur erschwert es ihnen, die Gefühle und Emotionen anderer Menschen zu erkennen.

Natürliche Veranlagungen des *Strategen*

- Die Quelle seiner Lebensenergie: seine innere Welt.
- Informationsaufnahme: Intuition.

- Art und Weise wie Entscheidungen getroffen werden: Verstand.
- Lebensstil: organisiert.

Ähnliche Persönlichkeitstypen

- *Logiker*
- *Direktor*
- *Reformer*

Statistische Angaben

- *Strategen* stellen ca. 1-2 % der Gesellschaft dar.
- Unter *Strategen* überwiegen Männer (80 %).
- Das Land, welches dem Profil des *Strategen* entspricht, ist Finnland.

Buchstaben-Code

Der universelle Code des *Strategen* ist in den Jungschen Persönlichkeitstypologien INTJ.

Mehr:

Jarosław Jankowski
Ihr Persönlichkeitstyp: Stratege (INTJ)

Der Verwalter (ESTJ)

Lebensmotto: *Erledigen wir diese Aufgabe!*

Fleißig, verantwortungsbewusst und überaus loyal. Energisch und entschieden. Sie schätzen Ordnung, Stabilität, Sicherheit und klare Regeln. *Verwalter* sind sachlich und konkret. Sie sind logisch, rational und praktisch. Sie vermögen es, sich eine große Menge detaillierter Informationen anzueignen.

Hervorragende Organisatoren, die Ineffizienz, Verschwendung und Faulheit nicht dulden. Sie sind ihren Überzeugungen treu und aufgeschlossen gegenüber anderen Menschen. Sie legen ihre Meinung entschieden dar und üben offen Kritik aus, weswegen sie manchmal ungewollt andere Menschen verletzen.

Natürliche Veranlagungen des *Verwalters*

- Die Quelle seiner Lebensenergie: seine äußere Welt.
- Informationsaufnahme: Sinne.
- Art und Weise wie Entscheidungen getroffen werden: Verstand.
- Lebensstil: organisiert.

Ähnliche Persönlichkeitstypen

- *Animateur*
- *Inspektor*
- *Praktiker*

Statistische Angaben

- *Verwalter* stellen ca. 10-13 % der Gesellschaft dar.
- Unter *Verwaltern* überwiegen Männer (60 %).
- Das Land, welches dem Profil des *Verwalters* entspricht, sind die USA.

Buchstaben-Code

Der universelle Code des *Verwalters* ist in den Jungschen Persönlichkeitstypologien ESTJ.

Mehr:

Jarosław Jankowski
Ihr Persönlichkeitstyp: Verwalter (ESTJ)

Anhang

Die vier natürlichen Veranlagungen

1. Dominierende Quelle der Lebensenergie

   o ÄUSSERE WELT
   Menschen, die ihre Energie aus der
   Umwelt schöpfen, die Aktivitäten und
   Kontakt mit anderen Menschen benö-
   tigen. Sie vertragen längere Einsam-
   keit nur schlecht.

   o INNERE WELT
   Menschen, die ihre Energie aus ihrem
   Innern schöpfen, die Ruhe und Einsamkeit brauchen. Sie fühlen sich er-
   schöpft, wenn sie längere Zeit mit anderen Menschen verbringen.

2. Dominierende Art, Informationen aufzuneh-
   men

    o **SINNE**
        Menschen, die auf ihre fünf Sinne
        vertrauen. Sie glauben an Fakten und
        Beweise und mögen erprobte Metho-
        den sowie praktische und konkrete
        Aufgaben. Sie sind Realisten, die sich
        auf ihre Erfahrung stützen.

    o **INTUITION**
        Menschen, die auf ihren sechsten Sinn
        vertrauen. Sie lassen sich durch Vor-
        ahnungen leiten und mögen innova-
        tive Lösungen sowie Probleme theo-
        retischer Natur. Sie zeichnen sich
        durch eine kreative Herangehensweise
        sowie die Fähigkeit aus, Dinge vor-
        herzusehen.

3. Dominierende Art, Entscheidungen zu treffen

    o **VERSTAND**
        Menschen, die sich nach ihrer Logik
        und objektiven Regeln richten. Sie
        sind kritisch und direkt, wenn sie ihre
        Meinung äußern.

    o **HERZ**
        Menschen, die sich nach ihren Emp-
        findungen und Werten richten. Sie

streben nach Harmonie und Einverständnis mit anderen.

4. Dominierender Lebensstil

○ ORGANISIERT
Menschen, die pflichtbewusst und organisiert sind. Sie schätzen Ordnung und mögen es, nach Plan zu handeln.

○ SPONTAN
Flexible Menschen, die ihre Freiheit schätzen. Sie erfreuen sich des Augenblicks und finden sich gut in neuen Situationen zurecht.

Geschätzter Anteil der einzelnen Persönlichkeitstypen an der Bevölkerung (in %)

Persönlichkeitstyp	Anteil
Animateur (ESTP):	6 – 10 %
Anwalt (ESFJ):	10 – 13 %
Berater (ENFJ):	3 – 5 %
Betreuer (ISFJ):	8 – 12 %
Direktor (ENTJ):	2 – 5 %
Enthusiast (ENFP):	5 – 8 %
Idealist (INFP):	1 – 4 %
Inspektor (ISTJ):	6 – 10 %
Künstler (ISFP):	6 – 9 %
Logiker (INTP):	2 – 3 %
Mentor (INFJ):	ca. 1 %

Moderator (ESFP):   8 – 13 %
Praktiker (ISTP):   6 – 9 %
Reformer (ENTP):   3 – 5 %
Stratege (INTJ):   1 – 2 %
Verwalter (ESTJ):   10 – 13 %

Geschätztes prozentuales Verhältnis von Frauen und Männern je nach Persönlichkeitstyp

Persönlichkeitstyp	Frauen/Männer
Animateur (ESTP):	40 % / 60 %
Anwalt (ESFJ):	70 % / 30 %
Berater (ENFJ):	80 % / 20 %
Betreuer (ISFJ):	70 % / 30 %
Direktor (ENTJ):	30 % / 70 %
Enthusiast (ENFP):	60 % / 40 %
Idealist (INFP):	60 % / 40 %
Inspektor (ISTJ):	40 % / 60 %
Künstler (ISFP):	60 % / 40 %
Logiker (INTP):	20 % / 80 %
Mentor (INFJ):	80 % / 20 %
Moderator (ESFP):	60 % / 40 %
Praktiker (ISTP):	40 % / 60 %
Reformer (ENTP):	30 % / 70 %
Stratege (INTJ):	20 % / 80 %
Verwalter (ESTJ):	40 % / 60 %

Literaturverzeichnis

- Arraj, J. (1990): *Tracking the Elusive Human, Volume 2: An Advanced Guide to the Typological Worlds of C. G. Jung, W.H. Sheldon, Their Integration, and the Biochemical Typology of the Future*. Midland, OR: Inner Growth Books.

- Arraj, J. / Arraj, T. (1988): *Tracking the Elusive Human, Volume 1: A Practical Guide to C.G. Jung's Psychological Types, W.H. Sheldon's Body and Temperament Types and Their Integration*. Chiloquin, OR: Inner Growth Books.

- Berens, L. V. / Cooper, S. A. / Ernst, L. K. / Martin, C. R. / Myers, S. / Nardi, D. / Pearman, R. R./Segal, M./Smith, M. A. (2002): *Quick Guide to the 16 Personality Types in Organizations: Understanding Personality Differences in the Workplace*. Fountain Valley, CA: Telos Publications.

- Geier, J. G./Downey, D. E. (1989): *Energetics of Personality*: Success Through Quality

Action. Minneapolis, MN: Aristos Publishing House.

- Hunsaker, P. L. / Alessandra, T. (1986): *The Art of Managing People*. New York, NY: Simon and Schuster.

- Jung, C. G. (1995): *Psychologische Typen*. Ostfildern: Patmos Verlag.

- Kise, J. A. G. / Krebs Hirsh, S. / Stark, D. (2005): *LifeKeys: Discover Who You Are*. Bloomington, MN: Bethany House.

- Kroeger, O. / Thuesen, J. M. (1988): *Type Talk or How to Determine Your Personality Type and Change Your Life*. New York, NY: Delacorte Press.

- Lawrence, G. D. (1997): *Looking at Type and Learning Styles*. Gainesville, FL: Center for Applications of Psychological Type.

- Lawrence, G. D. (1993): *People Types and Tiger Stripes*. Gainesville, FL: Center for Applications of Psychological Type.

- Maddi, S. R. (2001): *Personality Theories: A Comparative Analysis*. Long Grove, IL: Waveland Press.

- Martin, C. R. (2001): *Looking at Type: The Fundamentals Using Psychological Type To Understand and Appreciate Ourselves and Others*. Gainesville, FL: Center for Applications of Psychological Type.

- Meier, C. A. (1986): *Persönlichkeit: Der Individuationsprozess im Lichte der Typologie C. G. Jungs*. Einsiedeln: Daimon.

- Pearman, R. R. / Albritton, S. C. (2010): *I'm Not Crazy, I'm Just Not You: The Real Meaning of the Sixteen Personality Types.* Boston, MA: Nicholas Brealey Publishing.

- Segal,M. (2001): *Creativity and Personality Type: Tools for Understanding and Inspiring the Many Voices of Creativity.* Fountain Valley, CA: Telos Publications.

- Sharp, D. (1987): *Personality Type: Jung's Model of Typology.* Toronto: Inner City Books.

- Spoto, A. (1995): *Jung's Typology in Perspective.* Asheville, NC: Chiron Publications.

- Tannen, D. (1990): *You Just Don't Understand*: Women and Men in Conversation. New York, NY: William Morrow and Company.

- Thomas, J. C. / Segal, D. L. (2005): *Comprehensive Handbook of Personality and Psychopathology, Personality and Everyday Functioning.* Hoboken, NJ: Wiley.

- Thomson, L. (1998): *Personality Type: An Owner's Manual.* Boston, MA: Shambhala.

- Tieger, P. D./Barron-Tieger, B. (2000): *Just Your Type: Create the Relationship You've Always Wanted Using the Secrets of Personality Type.* New York, NY: Little, Brown and Company.

- Von Franz, M.-L. / Hillman, J. (1971): *Lectures on Jung's Typology.* New York, NY: Continuum International Publishing Group.

.

www.ingramcontent.com/pod-product-compliance
Lightning Source LLC
Chambersburg PA
CBHW031206020426
42333CB00013B/810